DR. D.K. OLUKOYA

L'ETOILE DANS VOTRE CIEL

©2008 *L'étoile dans votre ciel*

DR. D. K. OLUKOYA

ISBN: 978-0692387986

1ère Edition – Avril 2008

Publié par :
MFM French Publications
P.O. Box 2990, Sabo, Yaba
Lagos.

rosecentral@yahoo.com

Tous les passages Bibliques sont pris de la version Louis Legond.

AUTRES LIVRES FRANÇAIS ECRITS PAR
DR. D.K. OLUKOYA

- Pluie de Prieres
- Frappez L'adversaire et il fuira
- En finir avec les forces malefiques de la maison de ton pere
- Esprit de vagabondage
- Que l'envoutement perisse
- Comment se delivrer soi-même
- Pouvoir Contre les Terroristes Spirituels
- Prières de Percées pour les hommes d'affaires
- Prier Jusqu'à Remporter la Victoire
- Prières Violentes pour humilier les problèmes opiniâtres
- Priere pour demanteler la sorcellerie
- Le Combat Spirituel et le Foyer
- Bilan Spirituel Personnel
- Victoire sur les Rêves Sataniques
- Se Liberer des alliances maléfiques
- Revoquer les décrets maléfiques
- La delivrance: le flacon de medicament de Dieu
- Prieres pour detruire les maladies et les infirmités
- Comment recevoir la delivrance du mari de nuit et de la femme de nuit
- La delivrance de la tête
- La deviation satanique de la race noire
- Le mauvais cri de l"idole de votre famille
- Priere de Combat contre 70 esprits déchainé
- Quand les choses deviennent difficiles
- Les Strategies de Prieres pour les Celibataires
- Ton Combat et ta Strategie
- Votre Fondement et votre destin
- La pauvrete doit mourir
- Commander le matin
- Cantiques MFM

- Les étudiants à l'école de la peur
- Femme tu es libérée
- Né grand mais lié
- Le programme de transfert de richesses
- Pouvoir sur les Demons Tropicaux
- Les saisons de la vie

Tout Disponible à :

MFM FRENCH PUBLICATIONS
13, Olasimbo St. Onike-Yaba, Lagos - Nigeria.
P.O. Box 2990, Sabo - Lagos
TEL. 00234 - 8023436873, 00234 - 8057846779
E.mail - rosecentral@yahoo.com

MFM International Bookshop,
13, Olasimbo Street,
Onike Yaba, Lagos

Toutes les branches de MFM le monde entier et les Librairies Chrétiennes.

TABLE DE MATIERES

L'ETOILE DANS VOTRE CIEL 6

LOCALISER VOTRE REPERE 31

PROVOQUER LA FAVEUR DIVINE 44

CHAPITRE 1

L'ETOILE DANS VOTRE CIEL

Il y a un mystère que vous avez besoin de savoir au sujet des étoiles. Quand vous vous armez de la compréhension parfaite de la complexité des mystères des étoiles, votre vie ne sera plus la même.

De même, l'ignorance du mystère des étoiles vous maintiendra dans la servitude. En effet, vous ne serez jamais capable d'actualiser le dessein et les plans de Dieu pour votre vie si vous êtes ignorant du mystère des étoiles.

Je veux alors vous implorer de vous ouvrir à l'esprit de Dieu comme je vous fais découvrir les mystères derrière les étoiles dans votre ciel. Dans la prière, allez à travers ces écrits afin que vous jouissiez du plan et du dessein divins de votre vie. Je crois qu'à la fin de cette lecture, vous rentrerez dans la destinée divine de votre vie.

LA SIGNIFICATION DES ETOILES

Un profane ne peut jamais comprendre ce qu'exactement les étoiles suggèrent. Je veux être plus explicite à votre égard, dans le monde spirituel, les étoiles jouent un rôle prépondérant. Beaucoup de gens ont été manipulés en utilisant les étoiles. Beaucoup de destinées ont été aussi détruites de la même manières. Beaucoup de gens sont aussi liés dans le spirituel par la manipulation d'étoile. Donc, les étoiles jouent un grand rôle dans les vies des hommes, des femmes et des enfants partout dans le monde.

L'ETOILE DE BETHLEHEM

Permettez-moi de vous dire quelque chose qui vous surprendra. Il y a une étoile de Bethlehem dans le ciel de tout enfant de Dieu. Si vous êtes un vrai enfant de Dieu, vous avez une étoile de Bethlehem au-dessus de vous. Cette étoile vous suit à tout moment de votre vie. Cette étoile agit aussi de façon merveilleuse quand vous vous trouvez dans un dilemme. Quand tout est sombre et obscur dans votre vie, vous avez besoin de lever les yeux parce qu'il y a une étoile au-dessus de votre tête. C'est cette étoile qui vous conduira et vous montrera le chemin à suivre.

Ce n'est pas la peine pour vous de pleurer ou de marcher sans but. Dieu, dans le ciel a pourvu une étoile qui brille et éclairera votre chemin. C'est parce que Dieu ne veut pas que vous tombiez dans le fossé de la vie qu'il a donné l'étoile de Béthléhem pour qu'elle soit votre compagne et votre guide comme vous marchez dans la vallée de l'ombre de la mort.

Dès que vous donnez votre vie à Christ, il y a un chaos et une confusion total dans le royaume des ténèbres. Au même moment, les anges dans les cieux se réjouissent et sont remplis d'allégresse.

C'est à ce moment qu'il y a une transaction spirituelle qui dépasse l'entendement humain. C'est par cette transaction spirituelle que les âmes abandonnent le chemin de l'injustice pour emprunter le chemin de la justice et de la paix. C'est lorsque vous êtes né d'esprit que l'étoile de Béthléhem descend sur vous et c'est alors vous avez une étoile dans votre ciel. L'étoile dans votre ciel est celle qui vous conduira là ou Dieu veut que vous soyez.

Si la mangeoire de votre destinée est introuvable, vous avez besoin d'une étoile dans votre ciel pour vous guider à cette mangeoire et opérer un changement durable dans votre vie. Arrêter de tourner en rond, localisez votre mangeoire qui est le lieu de votre naissance et ensuite priez sérieusement pour détruire toutes les malédictions de fondation sur vos destinées.

Suivez-moi attentivement comme nous allons à travers la Bible pour découvrir une vérité profonde sur l'histoire de la naissance de Jésus. Nous découvrirons comment l'étoile à joué un rôle significatif en guidant les mages où le Messie est né.

Mathieu 2 :1-2, 7-10 : Jésus étant né à Bethlehem en Judée, au temps du Roi Hérode, voici des mages d'orient arrivèrent à Jérusalem et dirent : où est le Roi des Juifs qui vient de naître ? Car nous avons vu son étoile en orient, et nous sommes venus pour l'adorer .... Alors Hérode fit appeler en secret les mages, et s'enquit soigneusement auprès d'eux depuis combien de temps l'étoile brillait. Puis il les envoya à Bethlehem, en disant : Allez et prenez des informations exactes sur le petit enfant ; quand vous l'aurez trouvé, faites-le moi savoir, afin que j'aille moi-même l'adorer. Après avoir entendu le roi, ils partirent. Et voici, l'étoile qu'ils avaient vue en orient marchait devant eux jusqu'à ce qu'étant arrivée au-dessus du lieu où était le petit enfant, elle s'arrêta. Quand ils aperçurent l'étoile, ils furent saisis d'une très grande joie.

L'ETOILE REPRESENTE LA DIRECTION

Cela devient alors clair que c'était l'étoile en orient qui a poussé les mages à venir à la recherche de Jésus Christ. L'étoile à joué aussi un rôle prépondérant de guide et de direction. C'était l'étoile dans le ciel qui avait conduit les mages au mangeoire de Jésus. Il y a une leçon que nous devons apprendre de cette histoire. Quand les mages n'avaient pas vu l'étoile qui leur avait apparue à l'orient, ils sont allés au mauvais endroit et chez la mauvaise personne – Hérode. Hérode s'est revêtu d'un faut intérêt et a demandé aux mages de chercher assidûment le jeune roi (Jésus) et quand ils L'auront trouvé, il leur conseilla vivement de lui faire savoir afin qu'il aille L'adorer. Dieu a dû plus tard avertir les rois mages dans un songe de ne pas retourner chez Hérode parce qu'il était un tueur d'étoile.

Cela est alors nettement clair que quand il semble avoir de l'obscurité sur votre chemin et vous ne savez ou aller, vous avez besoin de la direction et du conseil divins. Le problème qui se posait au niveau des rois mages était qu'ils avaient cherché autour d'eux d'un guide. L'étoile qu'ils avaient vue et qui les avait poussés à chercher Jésus n'était pas au milieu des hommes, mais plutôt en haut dans le ciel.

De même, quand il y a les ténèbres et l'obscurité sur votre chemin, la première chose à faire c'est de regarder en haut. C'est là où Dieu et l'étoile de votre direction sont. Recherchez la face de Dieu avant de rechercher le conseil des hommes, afin de ne pas tomber dans les mains d'Hérode, le tueur d'étoile.

IL FAIT TOUJOURS NUIT AVANT L'AURORE

Savez-vous que dans le plan divin, vous devez traverser la sécheresse avant d'apprécier la rosée du ciel ? Quelques-fois, vous devez traverser la faim avant de percevoir la signification de la nourriture. En effet, vous devez expérimenter la pauvreté et la pénurie chronique avant de goûter au miel qui sort du rocher et fleurir dans la prospérité de Dieu. Il fait toujours nuit avant l'aurore. Ne vous arrêtez jamais dans l'obscurité. Criez à votre Père Céleste et vous découvrirez bientôt que Dieu vous conduira à Sa lumière glorieuse. Regardez en haut ! Il y a un lingot d'argent dans les nuages sombres de votre vie.

Psaumes 30 : 6 - 7   : « *Car sa colère dure un instant, mais sa grâce toute la vie, le soir arrivent les pleurs, et le matin l'allégresse. Je disais dans ma sécurité. Je ne chancellerai jamais* »

VOIS, DECLARE ET SAISIS-LA !

Beaucoup tâtonnent dans le noir sans voir la lumière du jour parce qu'ils ont refusé de voir l'étoile dans le ciel. Il y a des moments où Dieu veut que vous voyiez l'étoile qui vous tracera le chemin pour obtenir votre délivrance et vos percées. Ne voyez pas cette tempête déchaînée dans votre vie et dans votre famille. Ne voyez pas la terreur menaçante du méchant. Voyez toujours l'étoile et les promesses de Dieu. Voyez toujours Jésus et non vos tempêtes déchaînées. Dès que vous arrêtez de regarder à Jésus, l'auteur et le consommateur de votre foi, vous pouvez sombrer dans la mer de la vie.

Hébreux 12 : 2. « *ayant les regards sur Jésus, qui suscite la foi et la même à la perfection ; en échanger de la joie qui lui était réservée, il a soufferts la croix, mésuré l'ignomnie, et s'est assis à la droite des trône de Dieu* ».

Les paroles qui sortent de votre bouche affectera de manière significative votre destinée. Apprenez à confesser de bonnes choses chaque jour dans votre vie. Ne prononcez pas des paroles de découragement. Ne révélez rien concernant votre étoile à vos ennemis. Cultivez l'habitude de parler moins aux hommes mais priez beaucoup à Dieu.

Après avoir vu l'étoile et prononcé de bonnes choses sur votre vie, vous devez alors saisir toute opportunité qui se présente à vous. Prenez des mesures décisives et bien calculées qui vous accorderont le succès et la délivrance du joug du diable

L'AVEUGLEMENT PAR RAPPORT A VOTRE ETOILE

Etre aveuglé au point de ne pas voir votre étoile peut vous conduire à certaines situations indésirables dans la vie. Quand vous êtes spirituellement aveugle à votre étoile, vous perdrez beaucoup de choses. Vous ne ferez que vivre dans l'ombre de votre vie si vous ne pouvez pas voir l'étoile dans votre ciel.

Un ami d'enfance était vraiment doué dans la réparation des appareils électroniques. Il était un si grand expert dans ce domaine que pendant ces moments son enfance, beaucoup de gens lui apportaient des radios et autres appareils électroniques pour qu'il les répare. En effet, Je ne pense pas avoir vu un enfant aussi doué ce garçon là dans le passé. C'était clair dans l'esprit de tout le monde que ce jeune garçon deviendrait un ingénieur réputé dans l'avenir, mais, les tueurs d'étoiles n'ont pas permis à son étoile de briller.

Sa mère a pris une décision un jour. Elle a décidé d'aller chez un prophète avec l'enfant pour s'enquérir de son avenir, comme beaucoup l'appelaient un ingénieur en herbe. Le vieux faux prophète soudainement a sortie une parole inhabituelle et dit que ce jeune garçon ne devra jamais faire d'études d'ingénieur et que s'il le faisait par erreur, il sera enterré dans le corps de sa carrière. Comme on avait prévenu, cet enfant de ne pas étudier les sciences, il a décidé de faire des études en Banque et Finance à l'université.

Après avoir reçu à ses diplômes dans cette filière, il a été confronté à une dure situation dans son travail. On lui offrait toujours un emploi dans des endroits liés à la fraude et à la corruption. Ce qui l'avait amené bien sûr à perdre son travail, ses voitures et sa maison. La dernière fois que je l'ai vu, il mendiait des pièces d'argent. Voilà jusqu'où l'aveuglement à ne pas voir votre étoile peut vous conduire.

Etre aveuglé de ne pas voir votre étoile fera de vous une queue au lieu d'être la tête. Cela vous transformera en épare au lieu d'être une célébrité. Cela peut vous transformer en un va-nu-pieds au lieu d'être un génie. Cela vous apportera aussi la pauvreté inutile, injustifiable et regrettable. Cela permettra à l'ennemi de vous traîner au sol.

Je veux que vous priiez de manière fervente en disant :

- Tout nuage de sorcelleries qui couvre l'étoile de ma gloire, disperse-toi par le Feu, au nom de Jésus.

UNE INTELLIGENCE ZERO

C'est très surprenant que beaucoup de gens ont une intelligente zéro. L'intelligence que vous avez mais dépourvue de la localisation de votre étoile est une intelligence zéro. La vie est pleine d'ironies et l'une des ironies de la vie est que l'intelligence livresque ne veut toujours pas dire une suffisance financière. La clé de la prospérité financière ne repose pas dans l'intelligence livresque mais dans la localisation de votre étoile. Il y a beaucoup de gens aujourd'hui qui sont des génies mais qui ne vivent pas confortablement. La joie et le bonheur parfaits reposent dans la localisation de l'étoile dans votre ciel afin de faire un pas remarquable dans la vie.

Eccles. 9 : 11, *J'ai encore vu sous le soleil que la course n'est point aux agiles, ni la guerre aux vaillants, ni le pain aux sages, ni la richesse aux intelligents, ni la faveur aux savants ; Car tout dépend pour eux du temps et des circonstances.*

Cela fait beaucoup de peine à voir des gens avec un quotient d'intellectuel élevé qui sont gaspillés dans la société. Ils vivent en dessous du niveau des grands talents dont Dieu les a dotés. La vie de ces gens est gâchée. Ils finissent par devenir une perte pour eux-mêmes, pour leurs familles, pour la nation et pour la génération en général. Pour que vous puissiez vraiment vivre dans la plénitude de vos potentialités, il est absolument nécessaire de tout soumettre à Jésus. Vous devez tout abandonner dans les mains de Celui-là même qui peut piloter le bateau de votre vie jusqu'à la bonne destination.

LE PALAIS D'HERODE

L'histoire des rois mages que nous avons au préalable lu nous montre la signification du palais d'Hérode. Les rois mages pensaient que s'ils rentraient en contact avec Hérode dans son palais, des solutions seront trouvées. Mais, cela ne s'était pas passé ainsi parce qu'ils s'étaient déjà écartes du chemin de Dieu.

Quand quelqu'un abandonne le chemin de Dieu, les conséquences sont graves. C'est possible que le palais d'Hérode soit attrayant pourtant la répercussion du fait de s'y rendre est horrible. Ma prière pour vous, aujourd'hui est que si vous vous êtes égaré dans le palais d'Hérode, le Feu de Dieu vous sortira de là, au nom de Jésus.

Aller au palais d'Hérode signifie chercher la renommée et la popularité au lieu de chercher la face de Dieu. En d'autres mots, les chercheurs du palais d'Hérode sont les chercheurs d'argent, de plaisir et de la vie facile ; Ils ne font pas Dieu le centre de leur intérêt.

Si vous lisez ce passage note et quand vous dormez et vous vous réveillez vos pensées sont toujours l'argent et comment acquérir des richesses frauduleusement, vous êtes en route pour le palais d'Hérode. La chose surprenante est qu'il se peut vous ne trouviez jamais avoir cet argent que vous cherchez. Toute sorte de confort que vous avez dans le palais d'Hérode est trompeur, séducteur et maudit.

LA SEDUCTION DEVOILEE

Je connaissais un jeune homme, il y a des années de cela qui organisait des cours particuliers pour les enfants. Parmi les élevés qui assistaient aux cours, il y avait la fille d'un éminent professeur. La fille du professeur était très belle, intelligente et travailleuse, Ce jeune répétiteur montrait beaucoup de soin et d'intérêt à cette adolescente de 15 ans en lui achetant des crèmes glacées, des croissants et des frandises. La fille ne savait pas qu'elle recevait des cadeaux provenant du palais d'Hérode. Le répétiteur a réussit à coucher avec cette adolescente et à l'enceinter, alors que ce répétiteur avait 40 ans.

Tous les appels à la clémence de ce répétiteur à l'égard auprès du père de la fille étaient tombés dans de sourdes oreilles. Le professeur, le père de la fille était fou furieux au point de ne plus le revoir sur son chemin. Après que la grossesse de la fille s'est développée et qu'elle était sur le point d'enfanter l'enfant non désiré, le professeur a pris des mesures décisives et inhabituelles. Il était la première personne à aller à l'hôpital le jour de l'accouchement. Il était si agité qu'il s'est mis à faire des va et vient dans l'hôpital. Les douleurs de l'enfantement avaient commencé et la fille a eu un accouchement difficile. Dès que la fille a accouché le bébé, le professeur, son père a emmené directement sa fille à l'aéroport et ne lui avait pas permis de voir le bébé qu'elle a accouché avant de quitter le pays. Je ne pense pas que la fille ait une fois vus son premier enfant. Cette fille est devenue plus tard un grand médécin réputé.

Ce que le professeur avait fait à sa fille était de localiser son étoile qui voulait être enterrée. C'est cependant triste que beaucoup de gens n'ont pas ce genre de sagesse.

L'ETOILE COUVERTE PAR LES TENEBRES

Cela peut vous surprendre qu'on trouve beaucoup de gens dont les étoiles ont été couvertes par l'usage des ténèbres apparemment impénétrables par les principautés et pouvoirs dans les cieux. Il y a un espace pour tout le monde dans le ciel ou les étoiles sont localisées. C'est pourquoi la Bible dit :

Deut 28 : 23 – *Le ciel sur ta tête sera d'airain, et la terre sous toi sera de fer.*

Vous devez savoir en ce moment qu'il y a une hiérarchie des pouvoirs spirituels dans le royaume des ténèbres connu sous le nom de principautés. Ce réseau de méchanceté a été placé de manière stratégique par le diable pour causer de nombreuse dégâts dans la destinée de beaucoup de gens. Ils sont assis dans les lieux célestes pour couvrir les étoiles de beaucoup de gens. Ils peuvent aussi rediriger les yeux d'une personne, détourner l'attention et installer l'ignorance. Ils sont aussi ceux là qui amènent les gens à s'égarer dans le palais d'Hérode.

L'ennemi de votre vie sait que pour que votre vie prospère et s'épanouisse, les cieux doivent y prendre part. Ils sont aussi au courant du fait que votre destinée restera stagnante s'il y a une relation entre la terre et le ciel. Il faut cependant des prières sérieuses et décisives pour briser les sortilèges des ténèbres avec lesquels les principautés ont couvert votre étoile.

La Bible dit : **Ephésiens 6 : 12** *« Car nous n'avons pas à lutter contre la chair et le sang, mais contre les dominations, contre les autorités, contre les princes de ce monde de ténèbres, contre les esprits méchants dans les lieux célestes »*

LE CIEL AU-DESSUS DE VOTRE TETE

Tout le monde a une part de ciel au-dessus de sa tête. C'est cette part de ciel qui contient l'étoile et les averses de bénédictions. Vous avez un ciel à vous qui gouverne et contrôle votre vie. C'est le ciel au-dessus de votre tête que l'ennemi vise s'il veut arrêter les bénédictions de Dieu dans votre vie.

Il est impératif pour vous de garder votre ciel propre par la sainteté et par la prière afin que cela ne soit pas facile à l'ennemi pour pénétrer votre vie.

L'OPPOSITION DES POUVOIRS DES TENEBRES

Quelquesfois Satan crée des obstacles sur le chemin de l'homme afin d'empêcher l'accomplissement des plans et du dessein de Dieu. Il le fait par l'usage de situations insurmontables qui défient les efforts humains. C'est seulement quand ces situations sont apportées face à face avec la puissance de Dieu Tout-Puissant qu'il y aura une situation durable.

Un frère avait été programmé pour voyager à l'étranger. Il devait aller prendre une lettre à l'ambassade et cette lettre devrait changer sa vie. Il est sorti de sa maison à 6 h du matin et jusqu'à minuit, il n'a pas atteint sa destination. Dès qu'il était sorti de sa maison en route pour l'arrêt du bus, il fut une rencontre étrange. Il y avait des gens qui criaient sur lui et l'appelaient voleur. Il ne comprenait pas ce qui se passait. Ces gens ont couru vers lui, lui ont enlevé sa cravate et sa veste. Et ensuite ils l'ont battu sans pitié.

Au moment où il a réalisé qu'il ne pouvait rien faire pour calmer la situation, il a pris la fuite, mais les gens qui le battaient ont couru après et l'ont attrapé, ils ont commencé une autre session d'intenses raclées. L'un d'entre eux a apporté du pétrole et des pneus pour le brûler à vif. C'est à ce moment là que la police l'a secouru de la justice de la jungle qu'ils étaient sur le point de lui infliger.

La police l'a conduit au commissariat de police et l'a enfermé. Il a commencé là une autre épisode de narration de son histoire pour justifier le fait qu'il n'était pas un voleur. Les policiers lui ont demandé de laisser quelque chose mais il leur a dit qu'il avait perdu tout son argent aux mains des mécréants qui l'avaient battu.

L'officier du district de police est arrivé par la suite et le jeune homme lui narré son malheur, il a eu après pitié de lui et la relâché aux environs de 13 heures. Ce frère monta dans un grand bus et une fois de plus, le bus à plongé du troisième pont de Lagos appelé (Third Mainland Bridge). Le frère était assis à côté du chauffeur et il s'était évanoui quand l'incident se produisit. Il n'est pas arrivé à l'ambassade parce qu'il avait reprit conscience aux environs de minuit pour savoir ce qui s'était passé. Voilà un exemple de déviation satanique. Généralement, les principautés dans les lieux célestes sont agitées chaque fois qu'elles découvrent que votre promotion est annoncée. Ils élaborent leurs plans pour opposer ou empêcher votre progrès.

Priez ce point de prière :

Toute principauté dans mes cieux, ton temps est arrivée, disperse-toi, au nom de Jésus.

LES PRINCIPAUTES DANS VOS CIEUX

Bien-aimés, sachez que Satan a un réseau hautement bien organisé de pouvoirs maléfiques dans les cieux et dans le royaume des esprits rebelles déchus. Les principautés dans les cieux sont celles-là qui s'opposent aux prières. Parfois, ces principaux sont à la base des prières non exaucées. Le pouvoir de la méchanceté essaie de frustrer les prières de certaines personnes afin qu'elles perdent de vue l'usage des armes de prière. Quand il y a des principautés dans vos cieux, les pouvoirs des ténèbres vous vaincront aussi facilement et rien ne vous sera facile dans la vie. Les ennemis se moqueront de vous et de vos prières.

En effet, la personne dont le ciel est occupé par les principautés, sèmera beaucoup mais récoltera peu. Une telle personne travaillera comme un éléphant et mangera comme une fourmi. Toute sa vie entière deviendra absurde, triste et difficile. Les problèmes persistent quand il y a des principautés dans vos cieux. Aucune solution ne semble venir à l'horizon même après avoir fait des délivrances.

Quand il y a des principautés terribles dans vos cieux, la lecture de la Bible devient ennuyeuse, monotone et dépourvue de puissance. La vie de prières devient vague et impuissante. Il y a la manipulation dans la vie d'une telle personne. Les principautés dans les cieux couvrent l'étoile dans votre ciel.

LOCALISER VOTRE ETOILE "BETHLEHEMIQUE"

Les étoiles de beaucoup sont en jachère mais ils ne le savent pas. Pourquoi beaucoup de gens sont aveugles et ne voir pas l'étoile dans leurs cieux ? Les raisons sont les suivantes :

☑ L'IGNORANCE

L'ignorance est une maladie alors que la connaissance est le pouvoir. Les problèmes des pouvoirs des ténèbres et de la méchanceté sont négligeables quand vous n'êtes pas ignorant. L'ignorance fera de vous un esclave perpétuel du diable alors que la connaissance vous montrera comment sortir de vos problèmes. La Bible dit ;

Osée 4 : 6 « *Mon peuple est détruit, parce qu'il lui manque la connaissance. Puisque tu as rejeté la connaissance, je te rejetterai, et tu seras dépouillé de mon sacerdoce ; Puisque tu as oublié la loi de ton Dieu, j'oublierai aussi tes enfants* »

Un groupe d'amis est monté dans un avion pour faire un voyage dans un autre pays qui dé 7 heures de temps: On a offert un bon jus de fruit à l'un d'eux qu'il a refusa. On lui a donné un stylo et des livres mais il a dit qu'il n'en voulait pas. On a lui offert aussi un repas spécial et délicieux qu'il a rejetté.

Ce qui était gravement drôle, c'est que ce dernier était sérieusement affamé. Quand ils se sont arrivé à la destination, le groupe d'amis a commencé à faire des commentaires sur le déroulement du voyage et racontait comment ils avaient pris plaisir à ce voyage. Cet ami là était surpris quand il demanda aux autres combien ils sont payé pour les repas. Il était trop tard quand il a découvert que les services dans l'avion étaient gratuits et que le prix était compris dans le prix du billet d'avion et qu'ils ne devaient rien payer. L'ignorance vous maintiendra dans la faim alors qu'il y a beaucoup de nourriture à manger.

Une sœur fit la rencontre d'un faux prophète et sa vie n'a plus demeuré la même. Cette sœur avait une maîtrises en chimie et alors, elle voulait un bon travail lucratif. Le faux prophète a rencontré cette sœur désespérée et lui a dit si elle voulait vraiment un bon emploi, il devait raser les poils de son pubis. Cette sœur a dit qu'elle a accepté de le faire parce qu'elle était une convertie musulmane en enquête d'emploi. Faites attention ! L'ignorance et le mensonge vous conduiront dans des troubles plutôt que de vous faire sortir de ces troubles.

☑ L'AVEUGLEMENT SPIRITUEL

C'est tragique de mourir dans l'aveuglement spirituel. Cela vous empêchera de localiser votre étoile.

☑ LE DETOURNEMENT MALEFIQUE

Beaucoup de gens au Nigeria font la queue devant l'ambassade chaque jour parce qu'ils veulent sortir du pays. C'est malheureux que beaucoup d'entre eux s'en aillent en grand nombre à cause d'une déviation maléfique. Certains d'entre eux auraient eu une meilleure vie s'ils étaient restés au Nigeria pour localiser leur étoile.

S'EGARER DANS LES COURS DE PHARAON

Beaucoup sont allés chez des faux prophètes et enseignants parce qu'ils voulaient connaître leurs étoiles. Certains vont même chez les astrologues qui ne font que les plonger dans des troubles plutôt que de leur montrer la voie d'en sortir.

LE CONFORT MORTEL

Le confort que vous avez en dehors de votre étoile est éphémère, mortel et désastreux. Le seul confort durable que vous puissiez avoir est de localiser votre étoile.

☑ DE BONNE IDEES MAIS PAS CELLES DE DIEU

Des gens se sont égarés loin de leur ciel de bénédictions à cause d'idées apparemment bonnes. Qu'une personne ait une idée et qu'elle réussisse ne veut pas nécessairement dire que l'idée provient de Dieu. Vous avez besoin de connaître la volonté et le dessein de Dieu pour votre vie afin de ne pas vous égarer.

☑ REGARDER VERS LE BAS AU LIEU DE REGARDER VERS LE HAUT

Quand vous faites confiance en un homme au lieu de faire confiance à votre créateur, cela ne vous aidera pas du tout. Chaque fois que vous êtes à la croisée des chemins et qu'il semble que tout espoir soit perdu, il est necessaire de regarder vers le haut parce que votre secours vient d'en haut. Dieu doit être la première personne à qui vous parlez quand vous êtes dans la toile de la confusion. Il peut vous aider et Il vous aidera. Il viendra vous sauver.

☑ LE MAUVAIS LIEU

Des gens qui sont supposé être dans le périmètre de Dieu pour leur vie, sont actuellement délocalisés. Vous devez prier afin de ne pas être au mauvais endroit qui peut vous conduire dans des troubles.

LA RICHESSE INEPUISABLE

Tous les besoins de l'homme ont été assurés par Dieu depuis le commencement des temps. Tout ce dont vous avez besoin pour devenir un millionnaire ou milliardaire est à votre disposition. Les ressources de Dieu sur cette terre sont inépuisables. Ce que vous devez faire c'est d'être dans le périmètre de Dieu pour localiser l'étoile dans votre ciel et de jouir des bénédictions sans précédent découlant sans difficulté du trône de grâce.

Le plus grand problème de nos jours est que beaucoup ne sont pas là où Dieu veut qu'ils soient. Si Dieu attend que vous ayez reçu sept dons de l'esprit il y a de cela cinq ans et on ne vous a pas retrouvé, c'est domage. A partir le moment où vous êtes à l'endroit où Dieu vous veut que vous soyez, votre vie sera agréable devant tous.

LE BESOIN DU MOMENT

Le besoin du moment pour ces temps est que vous devez soumettre votre vie à Jésus-Christ. Vous devez véritablement naître de nouveau pour que vous demeurez au centre des bénédictions de Dieu. Ainsi, vous pouvez fléchir les genoux en ce moment même et faire cette prière si vous n'êtes pas né (e) de nouveau.

« Seigneur Jésus, je me reconnais pécheur. Je ne suis pas digne d'être appelé ton enfant. Je confesse mes péchés devant toi aujourd'hui. S'il te plait, pardonne moi et écris mon nom dans le livre de la vie. Que ta paix et ta joie règnent et gouvernent dans ma vie comme je t'invoque humblement aujourd'hui pour mon salut. Donne-moi la grâce aussi de ne plus commettre de péché. Merci de m'avoir sauvé, au nom de Jésus je prie (amen)''

LES PRIERES PROPHETIQUES

1- Ma destinée, fais sortir les témoignages, au nom de Jésus.

2- Tout dragon de la maison de mon père qui poursuit mon étoile, meurs, au nom de Jésus.

3- Toute chèvre dans la mangeoire de ma destinée, meurs, au nom de Jésus.

4- Mon étoile, refuse d'être cachée, apparaîs, au nom de Jésus.

·5- Tout voyage dans le palais d'Hérode, meurs, au nom de Jésus.

6- Anges du Dieu vivant, possèdez mes cieux, au nom de Jésus.

7- Anges du Dieu vivant, levez-vous, remplissez mes nuits ténébreuses, au nom de Jésus.

8- Anges du Dieu vivant, levez-vous, combattez et récupérez mes espaces, au nom de Jésus.

9- Mon Père qui règne sur les cieux de ma vie, lève-Toi, que les ténébres de mes cieux meurs, au nom de Jésus.

10- Toute agitation dans mes jours, écoute-moi et écoute-moi maintenant, meurs au nom de Jésus.

11- Tous pouvoirs et principautés dans mes cieux, soyez réduits au silence par le Feu, au nom de Jésus.

12- Esprit d'anti-concentration, ma vie n'est pas ta candidate, disperse-toi, au nom de Jésus.

13- Mon Père, si j'ai donné mes vertus, Je les réclame, au nom de Jésus.

14- Tout joug de regret, brise-toi, au nom de Jésus.

15- Tout programme des ténèbres pour détruire mon étoile, disperse-toi, au nom de Jésus.

16- Tout pouvoir qui doit mourir pour que ma percée se manifeste, meurs, au nom de Jésus.

17- Tout pouvoir qui doit être enterré pour que mes percées se manifestent, je t'enterre par le Feu, au nom de Jésus.

CHAPITRE 2
LOCALISER VOTRE REPÈRE

Jérémie 18 :1-2 « *La parole qui fut adressée à Jérémie de la part de l'Eternel, en ces mots : Lève-toi, et descends dans la maison du potier ; là je te ferai entendre mes paroles.* »

1Rois 17:8-9 « *Alors la parole de l'Eternel lui fut adressée en ces mots : Lève-toi, va à SAREPTA, qui appartient à Sidon, et demeure-là. Voici, j'y ai ordonné à une femme veuve de te nourrir* »

Luc 24 :49 « *Et voici, j'enverrai sur vous ce que mon père a promis ; mais vous, restez dans la ville jusqu'à ce que vous soyez revêtus de la puissance d'en haut.*

Le mystère du repère a une grande signification pour Dieu et le diable. Cela apparaît ainsi, parce que quand l'on se trouve dans le bon repère, il y a une possibilité absolue de 99% de réussite. Ainsi, ceux qui sont délocalisés de leurs repères seront les amis de l'échec. Vous devez faire très attention à ce que le Saint-Esprit vous met à cœur afin que vous ne soyez pas délocalisés de votre divin repère.

Etre au bon endroit affecte toutes les ramifications et sphères de la vie. Cela touche les domaines spirituel, financier et matériel de notre vie. De nos jours, beaucoup de croyants semblent être délocalisés spirituellement et cela affecte les autres domaines. Des Eglises aussi ont été délocalisées de là où Dieu les a placées et cela a un grand impact sur la vie des fidèles.

C'est jusqu'à ce que le problème de repère est résolu qu'il peut avoir un changement positif et durable.

LA CHUTE DE L'HOMME

As-tu une fois en idée que la chute de l'homme peut provenir du problème de repère ? Dieu a placé et a localisé Adam et Eve dans le jardin d'Eden pour le cultiver et le garder. Dieu venait aussi dans le jardin d'Eden pour avoir une communion avec l'homme. Malheureusement, un jour est arrivé où l'homme n'était plus dans cet endroit là. Dieu à cherché l'homme et lui a posé une question de troublante « Où es-tu ? » Le péché a fait chuter l'homme de sa position.

Il a été séduit par le diable ce serpent ancien, pour goûter au fruit défendu. Et au lieu de vite reconnaître son tort et invoquer le nom de Dieu en se repentant, il a commençé par donner des justifications qui ne tenaient pas pour couvrir son forfait.

OÙ ES-TU ?

Si Dieu devait descendre et vous demander ''où êtes vous ?'' Qu'est ce que vous lui répondriez ? Commencerez-vous aussi à donner des justifications qui ne sont pas fondées comme Adam et Eve l'ont fait ? Est-ce en tant que Chrétien vous êtes à votre poste de prière ? Est-ce que vous sortez pour annoncer la parole de Dieu pour gagner les âmes perdues ? Avez-vous goûté au fruit interdit ? Vous ne pouvez pas vous mentir à vous-même, même si vous pensez que vous pouvez mentir à Dieu. Vous le savez bien juste comme Dieu le sait si vous êtes au niveau où Dieu vous veut ou pas.

Des gens qui sont supposés être à un niveau universitaire spirituellement, luttent toujours avec la chair. Beaucoup qui sont supposés être des missionnaires, courent après l'argent pour devenir des millionnaires. C'est votre repère qui déterminera votre destinée. C'est votre attitude qui éventuellement déterminera votre altitude.

REPÈRE CHANGÉ

Savez-vous que Dieu, parfois, voudrait vous voir changer de lieu avant d'atteindre le niveau suivant ? Dieu a dit à Jérémie de s'en aller du lieu où il était et de descendre dans la maison du potier. Jérémie a obéis à Dieu sans poser de questions et il a eus une poignante révélation de la part de Dieu.

Jérémie 18 : 1-2 *« La parole qui fut adressée à Jérémie de la part de l'Eternel, en ces mots : Lève-toi, et descends dans la maison du potier ; là, je te ferai entendre mes paroles »*

A partir du récit de Jérémie, nous découvrons que Dieu ne peut pas nous révéler quelque chose s'il n'y a pas de changement de lieu. C'est ce changement qui provoquera un changement pour un meilleur niveau de vie. Nous pouvons alors apprendre des leçons de ce qui suit du récit de Jérémie.

☑ **L 'ATTENTION**
Jérémie était en bonne relation avec Dieu et c'est ce qui l'a rendu attentif à la voix de Dieu. De la même manière, les Chrétiens d'aujourd'hui doivent faire très attention à la voix de Dieu, de comprendre les méthodes de la communication divine et de prêter l'oreille de façon diligente à l'écouter vous parler chaque jour. Dieu peut vous parler en utilisant diverse moyen mais vous devez tout soumettre à la parole de Dieu. Donc, prêtez attention à la voix de Dieu.

☑ **L'OBEISSANCE**
Nous devons obéir à Dieu dans tous le domaines de notre vie. L'obéissance apporte les bénédictions, le succès et la révélation. Jérémie a obéit à Dieu et il eut une révélation. Quand vous obéissez aux instructions de Dieu pour votre vie, vous ne regretterez jamais de l'avoir fait.

☑ LA COMMUNION

Dieu veut communier avec vous. Ce que vous avez seulement besoin de faire c'est d'être sur la bonne longueur de'onde et de lui soumettre tout. Cela me fait mal au cœur quand je vois des Chrétiens qui n'entendent pas de la part de Dieu. Vous êtes supposé entendre Dieu à tout moment. Le Dieu que nous servons n'est pas mort et n'a point cessé de parler a ses enfants. Ayez la bonne attitude à l'égard de Dieu et vous jouirez d'une communion illimitée avec Lui juste comme Jérémie l'avait fait.

ELIE COMME UNE ETUDE DE CAS

Le sujet de changement de repère peut être vu dans la vie d'Elie. Dieu lui donna un ordre formel ; celui de quitter le torrent de Kérit pour un lieu apparemment étrange ; la maison d'une veuve. Par des calculs humains l'on ne penserait pas que Dieu pouvait envoyer cet homme de Dieu vers une veuve. Mais, la stupidite de Dieu est vraiment supérieur à la sagesse des hommes.

Quand Dieu donne un ordre, il y a toujours une disposition équivalente pour exécuter un tel ordre. Si vous ne voulez pas demeurer dans le manque, la pauvreté et la sécheresse, apprenez à toujours écouter Dieu pour des nouveaux commandements et instructions.

1 Rois 17 : 8-9 « *Alors la parole de l'Eternel lui fut adressée en ces mots : Lève-toi, va à SAREPTA, qui appartient à Sidon, et demeure là. Voici, j'y ai ordonné à une femme veuve de te nourrir* »

Il y a des bénédictions pour lesquelles vous devez être dans un endroit spécifique à un temps spécifique avant de les avoir. Dieu est méticuleux et il travaille toujours avec le temps. Si vous êtes absent dans le temps divin, vous pouvez manquer des promesses, des messages et des expériences divines. Des miracles vont aussi avec le temps divin. Quand vous êtes toujours à l'endroit où Dieu vous veut, vous allez délirer dans l'Euphorie et dans la béatitude de Dieu toute votre vie.

Il y avait cette femme qui était engagée dans l'œuvre et le service de Dieu pendant plusieurs années. Elle était la première à être à l'Eglise et à balayer la maison de Dieu.

Elle l'avait fait pendant des années, démunie, sans enfants et même sans avoir un mari. Mais, un jour est arrivé où le diable l'a trompé. Ce jour-là, le diable lui a chuchoté des paroles de découragement, en lui posant des questions, pourquoi continuer de souffrir malgré ses efforts de nettoyage de l'Eglise. Le diable lui a suggéré de rester à la maison et de pleurer sur son sort. La femme a succombé à la voie du diable et refusé alors d'aller à l'Eglise.

Pendant ce temps, l'Ange de Dieu était descendu à l'Eglise ce jour là avec une bénédiction spéciale pour cette femme. Mais, hélas, elle n'était pas présente. L'ange a attendu de manière interminable et à la fin du culte, une prophétie a été donnée. La prophétie demandait de façon continuelle après la femme et a annoncé clairement que comme la femme a refusé de venir, la parole qui est sortie de Dieu, ne retournera pas à lui sans avoir atteint son but. C'était comme cela l'ange à donné le paquet céleste qui lui était destinée à une autre personne.

Je veux que vous priiez ce point de prière environ dix minutes.

- Tout pouvoir qui me délocalisera de mon lieu de bénédiction, qu'attends-tu ? » Meurs au nom de Jésus.

LE PERE DE LA FOI

Abraham, le père de la foi avait une foi et une confiance inébranlable en Dieu. Voilà la genèse de sa faveur et de ses bénédictions enclenchées par Dieu. Dieu lui a dit de quitter la maison de son père pour un lieu inconnu. Abraham devait prender une décision apparemment insensée en se mettant en route pour une terre inconnue. Il a crut en Dieu de manière implicite et quitté un lieu de certitude pour un lieu d'incertitude. Sa foi absolue en Dieu qu'il n'avait jamais vu, lui a permis d'obtenir une grande recompense. Abraham a été seulement béni quand il a fait la découverte de son repère.

Un homme ne peut pas posséder ses possessions à moins qu'il obéisse à l'instruction de Dieu, de quitter la maison de son père pour une terre promise. Dans le cercle africain où les pouvoirs des ténèbres agissent pour perpétuer le mal, vous avez besoin d'entreprendre un voyage spirituel de foi, afin d'échapper au tourment et à la torture du diable.

LE MAUVAIS REPERE

Il est possible que l'on ne soit pas à l'endroit propice. En effet, Elie était dans un endroit non-propice. Et là Dieu lui a posé deux fois la question, ''Que fais-tu ici ?''

1 Rois 19 : 9-13 *Et la, il entra dans la caverne, et il y passa la nuit. Et voici, la parole de l'Eternel lui fut adressée en ces mots : Que fais-tu ici ? Il répondit : J'ai déployé mon zèle pour l'Eternel, le Dieu des armées ; car les enfants d'Israël ont abandonné ton alliance, ils ont renversé tes autels, et ils ont tué par l'épée tes prophètes ; je suis resté, moi seul, et ils cherchent à m'ôter la vie. L'éternel dit : sors, et tiens-toi dans la montagne devant l'Eternel ! Et voici, l'Eternel passa. Et devant l'Eternel, il y eut un vent fort et violent qui déchirait les montagnes et brisait les rochers : L'Eternel n'était pas dans le vent. Et après le vent ; ce fut un tremblement de terre : l'Eternel n'était pas dans le tremblement*

de terre.. Et après le tremblement de terre, un feu : l'Eternel n'était pas dans le feu. Et après le Feu, un murmure doux et léger. Quand Elie l'entendit, il s'enveloppa le visage de son manteau, il sortit et se tint à l'entrée de la caverne. Et voici, une voix lui fit entendre ces paroles : Que fais-tu ici, Elie ?

Beaucoup opèrent dans un endroit qui ne leur est pas propice... et cela les a dépouillés des bénédictions de Dieu. Par exemple, si vous faites une affaire qui exige les mensonges, vous ferez mieux de fuir d'une telle aventure d'affaire. Une telle affaire n'empêchera pas seulement les bénédictions de Dieu, elle vous conduira aussi en enfer.

Si vous travaillez dans un endroit qui favorise l'expansion des œuvres de la chair, vous devez quitter un tel travail. De même, si votre conscience n'est pas en paix et si l'esprit de Dieu est de façon continuelle offense dans votre lieu de travail, vous devez prendre une décision et quitter un tel emploi. Ainsi, vous avez besoin d'être relocalisé dans votre terre promise.

Si vous entretenez une relation et que vous découvrez qu'une telle relation met en danger votre âme, vous ferez mieux de changer de lieu avant qu'il ne soit trop tard. Par exemple, quel que soit l'homme ou la femme qui veut vous épouser et chaque fois que vous vous trouvez en compagnie de cette personne il ou elle n'est pas intéressée à la prière ou à l'Etude

Biblique et ce qui l'intéresse, c'est de vous donner des baisers ou de faire des choses malsaines, alors vous devez changer de repère. La volonté de Dieu pour votre vie ne peut pas être basée sur la plate-forme de la luxure qui vous conduirait au péché. Gardez-vous pur !

Un homme ne peut jamais faire une bonne chose à un mauvais endroit. Un homme ne peut jamais accomplir son devoir dans un endroit qui est en dehors de son poste divin. Dieu a dit à Elie de quitter sa cachette parce que cet endroit là n'était pas le lieu de sa mission. Un endroit pourait être comme Jérusalem et ne pas être l'endroit divin pour cette personne. L'incapacité de recevoir votre part dans la vie pourait être parce que vous n'êtes pas aller dans le lieu que Dieu vous a destiné.

LE LIEU DESIGNE

Souvent, les miracles peuvent ne pas arriver si nous n'avons pas quitté le lieu démuni pour le lieu désigné. C'est le lieu désigné par Dieu qui peut vous donner la joie et une paix durables. Quand on n'est pas dans le lieu désigné par Dieu, il y a le doute, le découragement et la perdition. Nous avons une expérience pratique dans la Bible, lors de la rencontre de Jésus avec l'aveugle.

Mark 8 :22-25 – « Ils se rendirent à Bethsaïda ; et on amena vers Jésus un aveugle, qu'on le pria de toucher. Il prit l'aveugle par la main, et le conduisit hors du village puis il lui mit de la salive sur les yeux, lui imposa les mains, et lui demanda s'il voyait quelque chose. Il regarda, et dit : J'aperçois les hommes, mais j'en vois comme des arbres, et qui marchent.

Jésus lui mit de nouveau les mains sur les yeux ; et, quand l'aveugle regarda fixement, il fut guéri, et vit tout distinctement ».

Vous découvrirez à partir de ce récit que Jésus a conduit l'aveugle hors de la ville afin que la guérison s'opère. Pour obtenir une solution durable à vos problèmes, vous avez besoin de suivre Jésus partout où il vous conduira.

Que l'Esprit de Dieu vous guide chaque jour dans votre marche Chrétienne. Vous ne pouvez pas demeurer en dehors de votre adresse de contacte divin et espérer recevoir vos lettres divines. Cela est ainsi parce que les bénédictions de Dieu n'iront qu'à votre adresse de contact divin.

LA TROISIÈME LEÇON

Vous ne connaîtrez point de problème si vous pouvez toujours cultiver l'habitude de demander conseil à Dieu pour toutes les choses que vous voulez faire. Obtenez chaque jour des instructions de la part de Dieu avant de faire un pas ou prendre une décision. Vous devriez obtenir une claire direction et une orientation de Dieu dans le choix de la demeurre, dans le choix du type d'affaire ou du travail que vous voulez faire, également pour le carrièrre que vous voulez suivre et de la personne que vous devez épouser. Dieu doit occuper la première place dans votre vie parce que le choix de la maison, l'achat d'un terrain ou la construction d'une maison peut être semblable au jardin d'Eden et soudainement se transformer en Sodome et Gomorrhe.

La personne que vous voulez épouser peut ne pas être la volonté de Dieu pour vous. Ayez toujours une claire direction de la part de Dieu pour toute choses que vous voulez entreprendre. Et si vous vous trouvez confronter à un dilemme ou à un doute, rencontrez les hommes de Dieu qui vous conseilleront. Un problème exprimé est à moitié résolu.

Lot et Jonas ont appris leur leçon mais de manière difficile. Lot avait choisi le côté de Sodome et de Gomorrhe parce que la terre était bien arrosée. Il y est entré avec plein de richesses mais en est sorti démuni. Il n'avait pas que perdu ses biens matériels, mais aussi sa femme qui est devenue une statue de sel.

Jonas avait refusé d'aller là où Dieu l'avait destiné et en ce faisant, provoque la colère de Dieu contre lui. Il devait alors être jeté dans la mer où il apprit une dure leçon, il demeura sans manger dans le ventre d'un poisson pendant trois bons jours et bonnes nuits.

Jonas 2 :1 « *L'Eternel fit venir un grand poisson pour engloutir Jonas et Jonas fut dans le ventre du poisson trois jours et trois bonnes nuits* »

LES SYMPTOMES D'UN MAUVAIS EMPLACEMENT

- ☑ La détresse
- ☑ La barrière
- ☑ L'endurcissement des servitudes
- ☑ Des rêves horribles
- ☑ Le succès des attaques sataniques
- ☑ Une malchance constante
- ☑ L'échec du dessein divin
- ☑ La pauvreté chronique
- ☑ La détérioration inexplicable de la santé
- ☑ La perte progressive de biens
- ☑ L'echec inexplicable aux examens ou à une interview d'emploi
- ☑ Les mauvais partenaires ou amis

LA RELOCALISATION SATANIQUE

Quelquesfois, satan relocalise une personne de son lieu de bénédictions et de destinée à un mauvais lieu. Satan et ses agents le font au moyen des stratégies « anti-repère divin ». Parfois, ce que nous appelons le pouvoir des ténèbres n'est pas réellement le pouvoir des ténèbres. Ce que le diable fait, c'est d'utiliser la sagesse maléfique pour déplacer une personne de sa divine adresse de contact. Ne permettez jamais au diable de vous relocaliser en vous enlevant de votre divin lieu.

LES DISPOSITIFS SATANIQUES POUR RELOCALISER UNE PERSONNE

Savez-vous que le diable a beaucoup de dispositifs pour relocaliser une personne ? L'ignorance de ces dispositifs, vous relocalisera de manière stratégique par le diable. Ce qui suit, sont constitue des dispositifs anti-repère divins.

LA DISPOSITION DU BIEN MAIS MAUVAISES ALTERNATIVES

Le fait qu'une chose provienne d'une bonne idée, ne signifie pas que c'est le plan de Dieu pour vous. L'ennemi peut vous donner une bonne idée attrayante, mais lorsque vous examinez de près une telle idée, elle est dangereuse et trompeuse.

LE MAUVAIS SUCCES

Il est possible que vous obteniez un mauvais succès qui nevous amènera nulle part. Quand un étudiant excelle en ayant une mention dans toutes les épreuves et échoue dans les matières essentielles comme les Mathématiques et l'Anglais, un tel résultat n'est bon à rien. Dans le même sns, quand quelqu'un excelle financièrement ou dans les études et une telle personne n'est pas née de nouveau, ce succès a un défaut. Il y a beaucoup de génies qui sont un échec devant la face de Dieu. Donc, un succès parfait est celui-là même dans lequel une personne réussit à la fois spirituellement et physiquement.

LES MAUVAIS AMIS ET MAUVAISES COMPAGNIES

Le type d'ami que vous avez peut vous amener à votre lieu de bénédictions et aussi peut vous délocaliser de la voie de vos bénédictions. Votre ami peut bâtir ou briser votre destinée.

LES VISA « LOTTERIES » POUR L'ETRANGER

Cela est très commun dans le monde aujourd'hui. Des gens se joignent à folle ruée pour l'occident à la recherche de verts pâturages sans avoir au préalable reçu des instructions de la part de Dieu. Ils ne font qu'aller à l'occident pour expérimenter le goût amer de la pauvreté.

Vous pouvez être béni dans le lieu où vous êtes. Cela me rappelle quelqu'un qui était prospère dans son pays. Il s'est joint après à la course en partance pour l'occident pour travailler et gagner de l'argent. Il est parti de son pays et a opté pour tout travail qui lui tomberait sous la main. Un travail lui a été offert mais dans une morgue. Cet homme est arrivé dans le lieu où il devait travailler. Et dès qu'il a commencé à regarder les cadavres des blancs qui étaient couchés dans la morgue, il s'est évanoui et a été débauché.

L'IMPATIENCE

Cela veut dire être plus rapide que Dieu. C'est dangereux d'être impatient. Quand vous devancez Dieu, vous pourrez rater Ses plans et Son dessein pour votre vie. Attendez Dieu patiemment et l'exaucement surviendra dans votre vie.

L'AVEUGLEMENT SPIRITUEL

L'aveuglement spirituel vous amènera à sortir de votre repère. Dites à Dieu de permettre que vous soyez spirituellement éveillé afin de demeurer dans le lieu où Dieu vous veut.

L'ORGUEIL

L'orgueil vous fait penser qu'à vous seul plus qu'à Dieu. L'orgueil vous amène à croire que vous avez toujours raison pendant que les autres ont tort. La Bible dit en Jacques 4 : 6 il accorde au contraire une grâce plus excellente ; c'est pourquoi l'écriture dit : Dieu résiste aux orgueilleux mais il fait grâce aux simples.

L'orgueil aurait détruit Naaman qui voulait enseigner à Dieu où il devait être localisé. Vous devez être simple et demeurer à votre poste de travail. Cela vous donnera le miracle tant attendu.

LA SERVITUDE DE FONDATION

La servitude de la fondation peut mettre une personne dans la sphère de l'échec.

LA MECHANCETE DE LA FAMILLE

Le pouvoir maléfique de votre famille peut vous programmer dans un mauvais endroit.

VIVRE DANS LE PECHE

Quand vous vivez dans le péché, tôt ou tard vous serez délocalisé.

LA PEUR

La peur délocalise. Beaucoup de gens sont allés dans de mauvais endroits à cause de la peur.

LA MANIPULATION DU REVE, DE LA VISION ET DE LA PROPHETIE

Il y a des gens qui ont les visions, les songes et les révélations envoyés par le diable. Ils refusent d'éprouver ces rêves, ces visions et ces révélations à la lumière de la parole de Dieu.

PORTER DES BAGAGES SATANIQUES

Le principe impliqué dans le fait de recevoir des bagages sataniques indésirés est la cause d'un mauvais endroit. Alors que le principe impliqué dans le fait de recevoir des averses de bénédictions est la cause d'un repère divin. Vous pouvez découvrir qu'au lieu de recevoir les bénédictions de Dieu, vous luttez avec la malchance. Ce que vous devez faire c'est de crier à Dieu dans la prière et avoir l'assurance que Dieu vous libèrera des fardeaux sataniques lourds.

LES DEMARCHES POUR ENTRER DANS SON DIVIN EMPLACEMENT

- ☑ Rechercher la face de Dieu
- ☑ Faites des prières d'enquête

☑ Vous avez besoin de delivrance des mains des agents
de lieu satanique.

☑ Faite des prieres de re-localisation.

Quand vous reperez votre emplacement, votre destinee vous localisera. Si vous etes suppose alle dans un endroit particuher et que vous n'y etes pas, cela signifie que vous n'etes dans le divin endroit de votre vie. Etre delocalise de votre. localise empechera votre ange de benedictions de deposer les benedictions de Dieu dans votre vie.

LA PRIERE QUI CHANGE LA DESTINEE

Si vous n'avez pas donne votre vie a Jesus en tant que votre Seigneur et Sauveur personnel, voici une opportunite vous maintenant. Si vous savez que vous n'etes pas encore affranchi du peche, vous pouvez flechir les genoux devant Dieu et confesser vos peches. Dites la priere qui suit de maniere sincere apres avoir confesse vos peches.

Perejeviens a tot maintenant aunomdeJesus. Seigneur Jesus Viens dans ma vie. Prends le controle demavteet donne-moi Ltjoie salut, au nom puissant de Jesus j'atprie. Amen.

POINTS DE PRIERE

1- Oh ! Seigneur, aide-moi à être au bon endroit au bon moment

2- Toutes les bénédictions qui m'appartiennent mais qui sont retournées au ciel, revenez, au nom de Jésus.

3- Tout pouvoir de la maison de mon père qui m'éloigne de ma nomination divine, meurs, au nom de Jésus.

4- Oh Dieu ! Lève-Toi et mets-moi à l'endroit où je dois être, au nom de Jésus.

5- Tout pouvoir qui m'amène de force là où les anges de mes bénédictions ne me repèreront pas, meurs au nom de Jésus.

6- Chariot de Feu, dégage tout blocage dans mon ciel, au nom de Jésus.

7- Mon Père, si j'ai été détourné de ma terre promise, re-localise-moi par le Feu, au nom de Jésus.

CHAPITRE 3
PROVOQUER LA FAVEUR DIVINE

Il y a un puissant produit du ciel qui donne la victoire aux hommes et aux femmes. C'est un programme qui provient du ciel et qui détermine si une personne est un médiocre qui réside dans la région de la queue ou quelqu'un d'ambitieux. Il y a un produit du ciel qui vous fait ressortir là où vous vous trouvez. Il répand sur vous les bénédictions de Dieu. Il devance le bénéficiaire pour lui préparer le terrain et sert d'échelle pour atteindre le sommet.

Quand la faveur divine vous projette au sommet, personne ne peut vous faire descendre. L'octroi de la faveur divine est supervisé par Dieu Lui-même. Ce produit peut transférer un homme de la prison au palais et de la fosse au palais en 24 heures, La faveur embellit les destinées. Elle a la capacité de doubler la gloire de Dieu sur la vie de quelqu'un. La faveur élimine les luttes et accorde une montée facile dans les bénédictions. Elle libère aussi les bénédictions en abondance. Elle vous rend capable d'obtenir les bons trésors de l'Eternel.

LA PUISSANCE DE LA FAVEUR

La faveur divine vous donne un aperçu de vos percées. Elle réduit la distance entre vos rêves et l'accomplissement de tels rêves. La faveur apporte des bénédictions aux oeuvres de vos mains. Et elle vous amène à prêter aux nations. La faveur vous accorde la pénétration dans la révélation divine.

L'honneur et la reconnaissance accompagnent toujours la faveur. La faveur vous rend capable d'expérimenter le succès dans tout domaine que vous entreprener. C'est le garant de vos projets à succès. La faveur fait à ce que vos ennemis se prosternent devant vous et vous soient assujettis.

C'est la seule panacée qu'il faut pour qu'un mariage brisé soit rebâti. La faveur pousse les gens à faire la compétition pour vous faire du bien. La faveur vous amène à avoir la promotion si personne d'autre n'en pas reçoit. La faveur divine fera toujours la différence dans votre vie. Comment devons-nous donc provoquer la faveur divine ?

Voyons certaines références essentielles.

Luc 2 : 52 *« Et Jésus croissait en sagesse, en stature, et en grâce, devant Dieu et devant les hommes »* Jésus, notre parfait exemple, quand il était encore sur la terre avait besoin de faveur pour réussir.

Luc 1 : 28 L'ange entra chez elle, et dit : *« Je te salue, toi à qui une grâce a été faite ; le Seigneur est avec toi »*

A partir de ce verset, nous apprenons qu'il y a des niveaux de faveur. Il est possible que l'on ait une grande faveur.

Esaïe 60 : 10 *« Les fils de l'étranger rebâtiront tes murs, Et leurs rois seront tes serviteurs ; car je t'ai frappé dans ma colère mais dans ma miséricorde j'ai pitié de toi »*

La faveur engendre la miséricorde de Dieu dans votre vie.

Psaume 30 : 8 *« Je disais dans ma sécurité ; je ne chancellerai jamais. Eternel ! Par ta grâce tu avais affermi ma montagne ... tu cachas ta face, et je fus troublé »*

La faveur apporte la force dans la vie d'une personne. C'est la signification de « tu avais affermi ma montagne ... »

Psaume 44 : 4 : *« Car ce n'est point par l'épée qu'ils se sont emparés du pays, ce n'est point leur bras qui les a sauvés ; mais c'est ta droite, c'est ton bras, c'est la lumière de ta face, parce que tu les aimais »*

C'étais la faveur de Dieu qui avait accordé la victoire aux enfants d'Israël.

Psaume 41 : 12 : *« Je connaîtrai que tu m'aimes, si mon ennemi ne triomphe pas de moi »*

Proverbe 12 :2 : *« L'homme de bien obtient la faveur de l'Eternel, mais l'Eternel condamne celui qui est plein de malice »*

Proverbe 16 : 22 : *« Celui qui trouve une femme trouve le bonheur ; c'est une grâce qu'il obtient de l'Eternel »*

Les bénédictions domestiques sont liées à la faveur. La faveur divine apporte l'approbation divine. Elle assure l'approbation divine. Elle conduit à un support divin. C'est tout juste comme Dieu ayant un parti pris pour une personne enveloppera entièrement sa vie. Dieu jettera un regard de compassion sur les siens et là les autres sont sans recours, lui, recevra de l'aide. Alors il se mettra à vous choyer. Il vous accordera une exception dans la course quand la faveur divine viendra sur votre vie. C'est alors, que Dieu vous choisira pour des bénédictions. Il vous accordera une faveur spéciale.

LA GRANDE FAVEUR

Cette bénédiction ne descendra pas sans que ne soient remplies les conditions requises dans la Bible. Mathieu 7 : 7 dit : « Que nous devons demander et il nous sera donné, de chercher et nous trouverons, de frapper et la porte nous sera ouverte. » La prière nous assure la faveur auprès de Dieu et auprès des hommes.

Quand vous êtes un candidat de la faveur divine, vous aurez l'avantage partout ou vous vous trouvez. Dieu jettera sur vous un regard amical. L'Eternel votre Dieu vous accordera le type de concession qu'il ne peut pas accorder aux autres.

Une telle faveur permet de vous distinguer parmi une multitude d'hommes.

Quand la faveur divine descend sur votre vie, vous serez le point de mire et personne ne peut vous écraser. Vous serez un candidat d'excellence et d'élégance. Quand la faveur de Dieu descend sur vous, l'assistance surnaturelle de Dieu devient régulière.

Les gens montreront un intérêt pour vous sans que vous les forciez. Une telle faveur annonce votre arrivée partout où vous allez. Elle amène les gens à vous localiser et à vous accorder vos droits dans vos mains.

Avez-vous besoin de la faveur de Dieu sur vous instantanément ? Faites cette confession 21 fois *'Je réclame la faveur divine, au nom de Jésus.'* Avec cette proclamation, les anges de la faveur sont déjà a l'œuvre dans votre vie.

Quand la faveur de Dieu descend sur votre vie comme ça été le cas de Joseph, toute chose peut vous arriver en 24 heures. C'était en 24 heures que Joseph est sorti de la prison pour faire son entrée dans le palais. C'était en 24 heures que David a quitté son état de petit berger pour la célébrité.

La faveur divine vous rendra puissant à partir de rien. La faveur divine facilite les rencontres divines régulières. Vous devenez les délices de Dieu. Alors, il se crée une préférence divine qui ne tient pas compte de la qualification des hommes et des femmes autour de vous. Vous serez ainsi immunisé contre le fait d'être gaspillé par l'ennemi.

Quand il y a la faveur divine, cela entraînera une performance productive. Dieu se mette à mener vos combats et la faveur vous maintiendra comme un spectateur et vous regarderez vos ennemis aller dans la détresse.

La faveur divine vous accordera l'accès au mystère de Dieu et Dieu vous permettra de prendre un grand essor au-dessus de toute situation contraire. Dieu pourvoira la sagesse créatrice du ciel qui fera aller votre vie de l'avant.

Comment pouvons-nous provoquer la faveur de Dieu sur notre vie ? **Proverbe 3 :3-4** « _Que la bonté et la fidélité ne t'abandonnent pas ; Lie-les à ton cou, écris-les sur la table de ton cœur. Tu acquérras ainsi de la grâce et une raison saine, aux yeux de Dieu et des hommes_ »

☑ UN AMI DE DIEU

En tan t qu'une sœur Chrétienne, vous ne devez pas vous marier et découvrir juste après qu'il y a la confusion et des problèmes. La première clé pour provoquer la faveur de Dieu selon **Proverbe 3 : 3-4**, c'est de devenir un ami de Dieu. La miséricorde et la vérité n'abandonnent jamais un ami de Dieu. C'est une chose de devenir né de nouveau, mais c'est également tout autre chose d'avoir une communion régulière avec le Saint-Esprit. C'est aussi tout une chose différente de frayer votre chemin et de parvenir là où Dieu veut que vous soyez.

Devenir le favori de Dieu demande certaines exigences. L'ami de Dieu ne mentira pas ; il ne vole pas, ni ne vit pas dans la fornication et l'adultère. Il ne trompe pas les autres. Il ne pense pas à faire le mal dans sa pensée ; il dit la vérité dans son cœur.

Proverbes 3 :3-4 : *« Que la bonté et la fidélité ne t'abandonnent pas ; Lie-les à ton cou, écrit-les sur la table de ton cœur. Tu acquerras ainsi de la grâce et une raison saine, aux yeux de Dieu et des hommes. »*

☑ LA VRAIE SAINTETE

La deuxième clé pour provoquer la faveur divine c'est de pratiquer la sainteté qui ne se compromet pas. De nos jour, le message de la sainteté est relégué au dernier plan. Beaucoup de gens désirent avoir les dons sans le donateur. Ils veulent la prospérité sans celui qui la donne. La Bible dit « Sans la sainteté nul ne verra le Seigneur. » Comme la faveur est la présence de Dieu sur votre vie, il en suit que sans la sainteté il n'y a pas de faveur. Si vous vivez une vie souillée, alors vous écrivez des lettres de défaveur.

SOYEZ UNE BENEDICTION

La troisième clé c'est de sortir pour être une bénédiction pour les autres. Les hommes égoïstes n'ont jamais la faveur. Quand vous faites un effort pour benir les autres alors vous obtenez une grande faveur. Comme la veuve de Sarepta, elle a tout fait pour satisfaire le serviteur de Dieu et a grandement vecudans la faveur.

LE DON SACRIFICIEL

La quatrième clé pour provoquer la faveur divine c'est le don sacrificiel. Beaucoup d'entre nous donnons des dîmes et offrandes mais pas de façon sacrificielle. Quand vous voulez voir la faveur de Dieu, donnez de façon sacrificielle. Apprenez une leçon de la vie de David qui était déterminé à donner à Dieu ce qui lui coûterait quelque chose. Il a donné à Dieu une offrande qui lui a fait mal a refusé l'opportunité de donner à Dieu ce qui ne lui é coûterait rien. Quand une offrande est sacrificielle, vous cherchez alors la faveur divine.

☑ LA GUERRE CONTRE L'ESPRIT D'ANTI-FAVEUR

La cinquième clé pour provoquer la faveur de Dieu c'est de mener la guerre contre tous les esprits anti-faveur.

☑ PRIER POUR LA FAVEUR DE DIEU

La sixième clé c'est de prier surtout pour la faveur. Plus vous priez pour la faveur plus vous serez sous la bannière de la faveur.

Job 33 : 26 – *Il adresse à Dieu sa prière et Dieu lui est propice, lui laisse voir sa face avec joie, Et lui rend son innocence.*

Il est possible de prier pour la faveur de Dieu. Quand vous faites la bonne prière, alors les choses se produiront dans votre vie. Tout homme de Dieu qui est un instrument pour l'expansion du royaume de Dieu n'a rien reçu si non la faveur de Dieu.

Recevez la faveur divine aujourd'hui et vous ne serez plus jamais.

1- Toute chose faite contre moi pour gâter ma joie cette année, sois détruite, au nom de Jésus.

2- Je reçois le bonheur de l'Eternel sur la terre des vivants, au nom de Jésus.

3- Ô Seigneur, comme Abraham a reçu la faveur de tes mains, permets que je reçoive Ta faveur afin que j'excelle au nom de Jésus.

4- Seigneur Jésus, traite-moi de manière généreuse cette année, au nom de Jésus.

5- Peu importe que je le mérite ou pas, je reçois la faveur non-quantifiable de l'Eternel, au nom de Jésus.

6- Toute bénédiction que Dieu m'a distribuée cette année ne m'échappera pas, au nom de Jésus.

7- Ma bénédiction ne sera pas transférée à mon voisin, au nom de Jésus.

8- Père Eternel, honnis tout pouvoir envoyé pour voler Ton programme pour ma vie, au nom de Jésus.

9- Tout pas que je ferai cette année me conduira à un succès hors du commun, au nom de Jésus.

10- Je régnerai avec l'homme et avec Dieu, au nom de Jésus.